EL LIBRO DE COCINA DE LA FREIDORA DE AIRE COMPLETA

Siga el Libro de Cocina Definitivo para Freidora de Aire con Recetas Sabrosas y apetitosas desde el Desayuno hasta la Cena

Linda Thompson

El Libro de Cocina de la Freidora de Aire Completa

El Libro de Cocina de la Freidora de Aire Completa

© Copyright 2021 - All rights reserved.

Table of Contents

Introducción

La freidora de aire tiene numerosas ventajas. Es antiadherente, libre de BPA, fácil de limpiar y fácil de almacenar. ¡Vea cómo la freidora de aire hace el trabajo por usted! Le ofrece sus recetas de alimentos fritos favoritas con un 65% menos de grasa.

Puede preparar los alimentos hasta tres veces más rápido que en un horno tradicional o un fogón. Ayuda a mantener el contenido nutricional porque, en una freidora típica, los alimentos se cocinan a temperaturas excesivamente altas que pueden destruir nutrientes como las vitaminas y los minerales.

Cuando la comida se prepara en una freidora de aire, sólo se cocina a las temperaturas seguras y apropiadas para su salud y la de los alimentos. Puede preparar comidas saludables con menos trabajo, más control y resultados más saludables. Es la forma más eficiente de cocinar.

La freidora de aire sustituirá el aceite por un flujo de aire caliente, permitiendo que sus alimentos tengan una corteza crujiente y deliciosa. Usted puede controlar el grado de cocción de su comida a través de los controles. Puede cocinar a temperaturas más bajas que son seguras para su salud, o puede llegar hasta los 250 grados para que sean más crujiente.

Es muy fácil cocinar alimentos saludables con menos daño a su contenido nutricional. Está diseñada para cocinar alimentos más sanos y con mejor sabor que los cocinados en una freidora de aceite tradicional. Cocinar alimentos saludables a una temperatura exacta es fácil porque cada componente de la freidora de aire está perfectamente combinado. Todos los alimentos sienten el calor y se cocinan de manera uniforme.

La mitad de las calorías de los alimentos fritos típicos provienen del aceite añadido. La freidora de aire produce alimentos crujientes con sólo una cucharada de aceite. También es más saludable y sabe mejor porque todos los elementos que alteran el sabor se controlan en la freidora de aire. Como resultado, su comida sabe exactamente como la comida frita, pero sin ese molestoso sabor a aceite. La freidora de aire también crea un exterior más crujiente que la fritura tradicional. Le ahorrará tiempo, energía y dinero. Es más rápida y fácil de usar que una freidora de aceite tradicional. La limpieza es muy fácil, y es compacta para que pueda guardarla fácilmente. La freidora de aire también está diseñada para su seguridad.

Capítulo 1:

Recetas para el desayuno y el brunch

1. Palitos de tostadas francesas fáciles de preparar en la freidora de aire.

Tiempo de preparación: 10 minutos

Tiempo de cocción: 5 minutos

Porciones: 15

Ingredientes:

- Cuatro trozos de pan grueso ligeramente rancio, como las tostadas de Texas

- Papel de pergamino

- 2 huevos

- 1/4 de taza de leche

- 1 cucharadita de extracto de vainilla

- 1 cucharadita de canela

- Una pizca de nuez moscada molida (opcional)

Preparación:

1. Corta cada trozo de pan en tercios para crear barritas. Corta una hoja de papel pergamino para que se ajuste a la base de la cesta de la freidora de aire.

2. Precalentar la freidora a 360 grados F (180 grados C).

3. Mezcle los huevos, la vainilla, el extracto de vainilla, la canela y la nuez moscada en un bol hasta que estén bien mezclados. Sumerja cada rebanada de pan en la mezcla de huevo, asegurándose de que cada pieza esté bien sumergida. Agite cada barra de pan para eliminar el exceso de líquido y colóquela en una sola capa en la cesta de la freidora de aire. Cocine en tandas, si es necesario, para evitar que la freidora se llene de gente.

4. Cocinar durante 5 minutos, luego dar la vuelta a los trozos de pan y cocinar durante otros cinco minutos.

Nutrición:

Calorías: 231 Cal

Grasa: 7,4g

Carbohidratos: 28.6g

Proteínas: 11,2g

Colesterol: 188mg

2. Empanadas de salchicha hechas en la freidora de aire

Tiempo de preparación: 10 minutos

Tiempo de cocción: 5 minutos

Porciones: 5

Ingredientes:

- 1 (12 oz.) paquete de hamburguesas de salchicha (como en Johnsonville ®)

- Un aerosol para cocinar antiadherente

Preparación:

1. Precaliente una freidora de aire a 400 F (200 C).

2. Coloque las hamburguesas de salchicha en una capa en la cesta, y trabaje en tandas si es necesario.

3. Cocinar durante 5 minutos en una freidora de aire precalentada. Sacar la sartén, dar la vuelta a las salchichas y cocinar hasta que un termómetro colocado en el centro de una hamburguesa mida 3 minutos más de 160 grados F (70 grados C).

Nutrición:

Calorías: 145 Cal

Grasa: 9g

Carbohidratos: 0.7g

Proteínas: 14,1g

Colesterol: 46mg

3. Tartas para desayuno hechas en la freidora de aire

Tiempo de preparación: 10 minutos

Tiempo de cocción: 8 minutos

Porciones: 1

Ingredientes:

- Una hoja de hojaldre congelada, descongelada
- 4 cucharadas de queso Cheddar rallado
- 4 cucharadas de jamón cocido en dados
- Cuatro huevos
- Cebollino fresco picado (opcional)

Preparación:

1. Precaliente la freidora de aire a una temperatura de 400 F (200 C).

2. Despliegue la hoja de hojaldre sobre una superficie plana y córtela en cuatro cuadrados.

3. Ponga los dos cuadrados de hojaldre en la cesta de la freidora y déjelos cocer de 6 a 8 minutos.

4. Tomar el bol de la freidora de aire. Con una cucharada de metal presionar cada cuadrado para crear una hendidura suavemente.

En cada hendidura, poner una cucharada de queso Cheddar y 1 cucharada de lengua y derramar un huevo sobre ellos.

5. Vuelva a colocar el bol de la freidora. Cocine, unos 6 minutos más, hasta alcanzar el punto de cocción deseado. Retire las tartas de la cesta y déjelas enfriar durante 5 minutos. Repita la operación con los cuadrados de hojaldre, el jamón, el queso y los huevos sobrantes.

6. Adornar las tartas con cebollino.

7. La forma más sencilla y rápida de introducir el huevo en el agujero es aplastarlo en un vasito de zumo y luego verterlo en la cavidad.

Nutrición:

Calorías: 446 Cal

Grasa: 31g

Carbohidratos: 27.9g

Proteínas: 14,2g

Colesterol: 199mg

4. Churros hechos en la freidora de aire

Tiempo de preparación: 10 minutos

Tiempo de cocción: 5 minutos

Porciones: 3

Ingredientes:

- 1/4 de taza de mantequilla
- 1/2 taza de leche
- Una pizca de sal
- 1/2 taza de harina
- 2 huevos
- 1/4 de taza de azúcar blanco
- 1/2 cucharadita de canela molida

Preparación:

1. Derretir la mantequilla a fuego medio-alto en una cacerola, verterla sobre el arroz y ponerle sal. Reducir el fuego a medio y llevar a ebullición con una cuchara de madera, siempre removiendo. Aplicar al instante toda la harina de una vez. Seguir removiendo hasta que la masa se una.

2. Retirar del fuego y dejar enfriar de cinco a siete minutos. Mezclar los huevos con la cuchara de madera antes de que se forme la masa choux. Coloque la masa con una punta de estrella grande

en una manga pastelera. Introduzca la masa directamente en la cesta de la freidora en trozos.

3. Fría los churros en la freidora de aire durante 5 minutos a 340 grados F (175 grados C).

4. En un tazón pequeño, mezcle el azúcar y la canela, y luego viértalo en un plato llano.

5. Elimine los churros fritos de la freidora y extienda la mezcla de canela y azúcar.

Nutrición:

Calorías: 172 Cal

Grasa: 9,8g

Carbohidratos: 17.5g

Proteínas: 3,9g

Colesterol: 84mg

5. Tocino frito en la freidora de aire

Tiempo de preparación: 10 minutos

Tiempo de cocción: 10 minutos

Porciones: 2

Ingredientes:

- 1/2 (16 oz.) paquete de tocino

Preparación:

1. Precaliente la freidora de aire a 390 grados F (200 grados C).

2. Coloque el tocino en una sola capa dentro de la cesta de la freidora de aire; no pasa nada si hay alguna superposición o pliegue.

3. Cocinar durante 2 minutos. Dale la vuelta al tocino y cocina hasta que esté crujiente, unos 7 minutos más.

4. Pase el tocino cocido a un plato forrado con toallas de papel para absorber el exceso de grasa.

Nutrición:

Calorías: 173 Cal

Grasa: 17g

Carbohidratos: 0.2g

Proteínas: 4,4g

Colesterol: 26mg

6. Hamburguesas de salchicha

Tiempo de preparación: 10 minutos

Tiempo de cocción: 35 minutos

Porciones: 2

Ingredientes

- 1/2 cucharadita de cebolla en polvo

- 11 oz. de salchicha, molida y fría

- 1/2 cucharadita de copos de chile rojo

- 1/4 cucharadita de condimento di tomillo

- 1/8 cucharadita de sal

- 1/4 de cucharadita de condimento de pimentón

- 1 1/2 cucharadita de ajo, picado

- 1 cucharadita de azúcar morena

- 1/4 cucharadita de pimienta cayena

- 1 cucharadita de salsa Tabasco

- 1/8 cucharadita de pimienta

Preparación:

1. Cubra una bandeja de horno con papel de hornear y colóquela en la cesta de la freidora de aire.

2. Mezcle a mano la salchicha molida fría con todos los condimentos indicados, la salsa Tabasco y el azúcar morena.

3. Dividir la carne en seis secciones y crear hamburguesas individuales.

4. Mueva las hamburguesas a la cesta en una sola capa y ajuste la freidora de aire para calentar a 370° F.

5. Calentar durante 10 minutos y dar la vuelta a las hamburguesas por el otro lado.

6. Continúe asando durante diez minutos más.

7. Sacar de la cesta a una fuente de servir y disfrutar.

Nutrición:

Energía (calorías): 407 kcal

Proteínas: 29,06 g

Grasa: 28,38 g

Carbohidratos: 16.8 g

Capítulo 2:
Bocadillos, aperitivos y guarniciones

7. Aceitunas fritas en la freidora de aire

Tiempo de preparación: 5 minutos

Tiempo de cocción: 8 minutos

Porciones: 4

Ingredientes:

- 1 frasco de aceitunas verdes deshuesadas (5½ onzas / 156 g)
- ½ taza de harina común
- Sal y pimienta al gusto
- ½ taza de pan rallado
- Un huevo
- Aerosol de cocina

Preparación:

1. Precaliente el horno de la freidora a una temperatura de 400°F (204°C).
2. Saca las aceitunas del tarro y sécalas bien con papel de cocina.

3. En un tazón pequeño, combine la harina con sal y pimienta al gusto. Poner el pan rallado en otro bol pequeño. En un tercer bol pequeño, bata el huevo.

4. Rocíe la cesta de la freidora de aire con aceite en aerosol.

5. Pasar por la harina con las aceitunas, luego por el huevo y después por el pan rallado.

6. Coloque las aceitunas empanadas en la cesta de la freidora. Está bien apilarlas. Rocíe las aceitunas con aerosol de cocina.

7. Ponga la cesta de la freidora de aire en la bandeja de hornear y seleccione Air Fry, y programe el tiempo a 6 minutos.

8. Dele la vuelta a las aceitunas y fríalas durante 2 minutos más, o hasta que estén doradas y crujientes.

9. Enfriar durante 5 minutos antes de servir.

Nutrición:

Energía (calorías): 107 kcal

Proteínas: 4,42 g

Grasa: 2,85 g

Carbohidratos: 15.48 g

8. Empanadas chinas fritas en la freidora de aire

Tiempo de preparación: 10 minutos

Tiempo de cocción: 20 minutos

Porciones: 30 palitos de carne

Ingredientes:

- ½ taza de col finamente picada

- ¼ de taza de pimiento rojo finamente picado

- 2 cebollas verdes, picadas finamente

- 1 huevo batido

- 2 cucharadas de salsa de cóctel

- 2 cucharaditas de salsa de soja baja en sodio

- 30 envoltorios de wonton

- 1 cucharada de agua para pincelar los envoltorios

Preparación:

1. Precalentar el horno de la freidora a 360°F (182°C).

2. En un bol pequeño preparado, combine la col, el pimiento, las cebollas verdes, el huevo, la salsa de cóctel y la salsa de soja, y mezcle bien.

3. Poner aproximadamente 1 cucharada de la mezcla en el centro de cada envoltorio de wonton. Corta el envoltorio por la mitad

y cubre el relleno; humedece los bordes con agua y séllalo. Puedes doblar los bordes del envoltorio con los dedos, para que se parezcan a los empanadas de los restaurantes. Píntalos con agua.

4. Coloque las empanadas en la cesta de la freidora. Es posible que tengas que trabajar en tandas.

5. Ponga la cesta de la freidora de aire en la bandeja de hornear y seleccione Air Fry, programe el tiempo a 10 minutos, o espere hasta que las empanadas estén calientes y los fondos estén ligeramente dorados.

6. Servir caliente.

Nutrición:

Energía (calorías): 101 kcal

Proteínas: 3,55 g

Grasa: 0,84 g

Carbohidratos: 19.28 g

9. Salsa de alcachofas y espinacas

Tiempo de preparación: 10 minutos

Tiempo de cocción: 10 minutos

Porciones: 3 tazas

Ingredientes:

- 1 lata (14 onzas / 397 g) de corazones de alcachofa envasados en agua, escurridos y picados

- 1 paquete de espinacas congeladas (284 g), descongeladas y escurridas

- 1 cucharadita de ajo picado

- 2 cucharadas de mayonesa

- ¼ de taza de yogurt griego natural sin grasa

- ¼ de taza de queso mozzarella semidesnatado rallado

- ¼ de taza de queso parmesano rallado

- ¼ cucharadita de pimienta negra recién molida

- Aerosol de cocina

Preparación:

1. Precalentar el horno de la freidora a 360°F (182°C).

2. Envuelve los corazones de alcachofa y las espinacas en una toalla de papel, exprime el exceso de líquido y pasa las verduras a un bol grande.

3. Añade el ajo picado, la mayonesa, el yogurt griego natural, la mozzarella, el parmesano y la pimienta negra al bol grande, removiendo bien para combinar.

4. Rocíe un molde para hornear con aceite en aerosol, y luego transfiera la mezcla de inmersión al molde.

5. Coloque la bandeja de hornear en la posición 1 de la rejilla, seleccione "Convection Bake" (horneado por convección) y ajuste el tiempo a 10 minutos.

6. Retire la salsa del horno y déjela enfriar en el molde sobre una rejilla durante 10 minutos antes de servirla.

Nutrición:

Energía (calorías): 169 kcal

Proteínas: 17,45 g

Grasa: 7,87 g

Carbohidratos: 8.28 g

10. Dátiles envueltos en tocino

Tiempo de preparación: 10 minutos

Tiempo de cocción: 6 minutos

Porciones: 6

Ingredientes:

- 12 dátiles sin hueso

- 6 rebanadas de tocino de alta calidad, cortadas por la mitad

- Aerosol de cocina

Preparación:

1. Precalentar el horno de la freidora a 360°F (182°C).

2. Utiliza media loncha de tocino para envolver cada dátil y fíjalo con un palillo.

3. Rocíe la cesta de la freidora de aire con aceite en aerosol, y luego coloque los dátiles envueltos en tocino en la cesta.

4. Ponga la cesta de la freidora de aire y seleccione Air Fry, y programe el tiempo a 6 minutos, o hasta que el tocino esté crujiente.

5. Retirar los dátiles y dejar enfriar sobre una rejilla durante 5 minutos antes de servir.

Nutrición:

Energía (calorías): 40 kcal

Proteínas: 0,35 g

Grasa: 0,06 g

Carbohidratos: 10.65 g

11. Camarones envueltos en tocino y jalapeño

Tiempo de preparación: 20 minutos

Tiempo de cocción: 13 minutos

Porciones: 8

Ingredientes:

- 24 gambas grandes, peladas y desvenadas, aproximadamente ¾ de libra (340 g)
- 5 cucharadas de salsa barbacoa, divididas
- 12 tiras de tocino, cortadas por la mitad
- 24 rodajas pequeñas de jalapeño encurtido

Preparación:

1. Mezcle las gambas con 3 cucharadas de salsa barbacoa. Deje reposar durante 15 minutos. Remoje 24 palillos de madera en agua durante 10 minutos. Envuelve un trozo de tocino alrededor de los camarones y la rebanada de jalapeño, luego asegúralos con un palillo.

2. Precaliente el horno de la freidora de aire, ajuste la temperatura a 350°F (177°C).

3. Coloque las gambas en la cesta de la freidora, separándolas ½ pulgada, seleccione Air Fry y programe el tiempo a 10 minutos.

4. Dele la vuelta a las gambas con unas pinzas y fríalas durante 3 minutos más, o hasta que el beicon esté dorado y las gambas estén bien hechas.

5. Untar con el resto de la salsa barbacoa y servir.

Nutrición:

Energía (calorías): 207 kcal

Proteínas: 9,02 g

Grasa: 4,52 g

Carbohidratos: 34.71 g

12. Ricotta al horno

Tiempo de preparación: 10 minutos

Tiempo de cocción: 15 minutos

Porciones: 2 tazas

Ingredientes:

- 1 recipiente (15 onzas / 425 g) de queso Ricotta de leche entera
- 3 cucharadas de queso parmesano rallado, dividido
- 2 cucharadas de aceite de oliva extra virgen
- 1 cucharadita de hojas de tomillo fresco picado
- 1 cucharadita de ralladura de limón
- 1 diente de ajo, machacado con la prensa
- ¼ de cucharadita de sal
- ¼ de cucharadita de pimienta
- Rebanadas de pan tostado o galletas para servir

Preparación:

1. Precalentar el horno de la freidora a 380°F (193°C).

2. Bata el ricotta, 2 cucharadas de parmesano, el aceite, el tomillo, la ralladura de limón, el ajo, la sal y la pimienta. Vierta la mezcla en una fuente de horno. Cubra la fuente firmemente con papel de aluminio.

3. Coloque la bandeja de hornear en la posición 1 de la rejilla, seleccione Horneado por convección y ajuste el tiempo a 10 minutos.

4. Retirar el papel de aluminio y espolvorear con la cucharada restante de parmesano. Hornee durante 5 minutos más o hasta que los bordes estén burbujeantes y la parte superior esté dorada.

5. Servir caliente con rebanadas o galletas.

Nutrición:

Energía (calorías): 99 kcal

Proteínas: 2,53 g

Grasa: 8,54 g

Carbohidratos: 3.33 g

Capítulo 3:
Recetas con vegetales

13. Sándwiches con tomate, nueces y queso

Tiempo de preparación: 10 minutos

Tiempo de cocción: 50 minutos

Porciones: 2

Ingredientes

- 1 tomate de la familia

- 1 (4oz) bloque de queso feta

- 1 cebolla roja pequeña, cortada en rodajas finas

- 1 diente de ajo

- Sal al gusto

- 2 cucharaditas + ¼ de taza de aceite de oliva

- 1 ½ cucharadas de piñones tostados

- ¼ de taza de perejil picado

- ¼ de taza de queso parmesano rallado

- ¼ de taza de albahaca picada

Preparación:

1. Añada la albahaca, los piñones, el ajo y la sal a un procesador de alimentos. Procese mientras añade lentamente ¼ de taza de aceite de oliva. Una vez terminado, vierta el pesto de albahaca en un bol y refrigere durante 30 minutos.

2. Precalentar en la función Air Fry a 390 F. Cortar el queso feta y el tomate en rodajas de ½ pulgada. Saque el pesto de la nevera y extienda la mitad del mismo sobre las rodajas de tomate. Cubra con las rodajas de queso feta y la cebolla. Rocíe el aceite de oliva restante por encima.

3. Coloque los tomates en la cesta de la freidora y colóquelos en la bandeja de horno; cocínelos durante 12 minutos. Retirar a una fuente de servir y cubrir con el resto del pesto. Servir.

Nutrición:

Energía (calorías): 1977 kcal

Proteínas: 4,63 g

Grasa: 219,77 g

Carbohidratos: 4.57 g

14. Patatas fritas de verduras

Tiempo de preparación: 10 minutos

Tiempo de cocción: 35 minutos

Porciones: 4

Ingredientes

- 1 berenjena grande
- 4 patatas
- 3 calabacines
- ½ taza de almidón de maíz
- ½ taza de aceite de oliva
- Sal para sazonar

Preparación:

1. Precalentar en función Air Fry a 390 F. Cortar la berenjena y el calabacín en tiras largas de 3 pulgadas. Pela y corta las patatas en tiras de 3 pulgadas; resérvalas.

2. En un bol, mezcle la maicena, ½ taza de agua, sal, pimienta, aceite, berenjena, calabacín y patatas. Coloque un tercio de las tiras de verduras en la cesta y colóquelas en la bandeja de horno; cocine durante 12 minutos, agitando una vez.

3. Una vez listas, páselas a una fuente de servir. Repita el proceso de cocción con el resto de las tiras de verduras. Servir calientes.

Nutrición:

Energía (calorías): 620 kcal

Proteínas: 9,06 g

Grasa: 27,62 g

Carbohidratos: 87.38 g

15. Judías verdes picantes con cayena

Tiempo de preparación: 10 minutos

Tiempo de cocción: 10 minutos

Porciones: 4

Ingredientes

- 1 taza de pan rallado

- 2 huevos enteros, batidos

- ½ taza de queso parmesano rallado

- ½ taza de harina

- 1 cucharadita de pimienta

- 1 ½ libras de judías verdes

- Sal al gusto

Preparación:

1. En un bol, mezclar el pan rallado, el queso parmesano, la pimienta, la sal y la pimienta. Pasa las judías verdes por harina y sumérgelas en los huevos.

2. Rebozar las alubias en la mezcla de parmesano y pan rallado. Coloque las alubias preparadas en la cesta de cocción engrasada y colóquelas en la bandeja de horno; cocine durante 15 minutos

en la función Air Fry a 350 F, agitando una vez. Servir y disfrutar.

Nutrición:

Energía (calorías): 213 kcal

Proteínas: 11,61 g

Grasa: 9,31 g

Carbohidratos: 21.77 g

16. Cuñas de col con queso

Tiempo de preparación: 5 minutos

Tiempo de cocción: 20 minutos

Porciones: 4

Ingredientes

- ½ cabeza de col, cortada en trozos
- 2 tazas de queso parmesano picado
- 4 cucharadas de mantequilla derretida
- Sal y pimienta negra al gusto
- ½ taza de salsa de queso azul

Preparación:

1. Unte las cuñas de col con mantequilla y cúbralas con queso mozzarella.

2. Coloque las cuñas recubiertas en la cesta engrasada y colóquelas en la bandeja de hornear; cocine durante 20 minutos a 380 F en la posición Air Fry. Servir con salsa de queso azul.

Nutrición:

Energía (calorías): 398 kcal

Proteínas: 18,71 g

Grasa: 30,11 g

Carbohidratos: 14.92 g

17. Patatas tradicionales

Tiempo de preparación: 10 minutos

Tiempo de cocción: 20 minutos

Porciones: 4

Ingredientes

- 4 patatas bien lavadas

- 2 dientes de ajo picados

- Sal y pimienta negra al gusto

- 1 cucharadita de romero

- 1 cucharadita de mantequilla

Preparación:

1. Precaliente su Horno a 360 F en la función Air Fry. Pincha las patatas con un tenedor.

2. Póngalas en la cesta de la freidora y colóquelas en la bandeja del horno; cocínelas durante 25 minutos. Corta las patatas por la mitad y cúbrelas con mantequilla y romero; salpimiéntalas. Sirva inmediatamente.

Nutrición:

Energía (calorías): 300 kcal

Proteínas: 7,79 g

Grasa: 1,33 g

Carbohidratos: 66.06 g

18. Zanahorias asadas

Tiempo de preparación: 5 minutos

Tiempo de cocción: 10 minutos

Porciones: 4

Ingredientes

- 20 oz. de zanahorias, cortadas en juliana
- 1 cucharada de aceite de oliva
- 1 cucharadita de semillas de comino
- 2 cucharadas de cilantro fresco picado

Preparación:

1. En un bol, mezcle el aceite de oliva, las zanahorias y las semillas de comino; remueva para cubrirlas. Coloque las zanahorias en una bandeja de horno y cocine en su función Bake a 300°F durante 10 minutos.

2. Esparcir cilantro fresco sobre las zanahorias y servir.

Nutrición:

Energía (calorías): 82 kcal

Proteínas: 1,18 g

Grasa: 3,75 g

Carbohidratos: 11.9 g

19. Sopa de verduras mixtas

Tiempo de preparación: 15 minutos

Tiempo de cocción: 8 horas 5 minutos

Porciones: 6

Ingredientes:

- 1 cucharada de aceite de oliva
- Una cebolla amarilla picada
- Un tallo de apio picado
- Una zanahoria grande, pelada y picada
- Dos dientes de ajo picados
- 1 cucharadita de orégano seco triturado
- Un calabacín grande, picado
- Dos tomates picados
- 1 taza de espinacas frescas picadas
- 4 tazas de caldo de verduras casero
- Sal y pimienta negra molida, según sea necesario

Preparación:

1. En una sartén apta para el horno que quepa en la Air Fryer Oven, calienta el aceite a fuego medio y saltea la cebolla, el apio y la zanahoria durante unos 3-4 minutos.

2. Añadir el ajo y el tomillo y rehogar durante 1 minuto.

3. Retirar del fuego e incorporar el resto de los ingredientes.

4. Cubrir la sartén con una tapa.

5. Colocar el molde sobre la rejilla.

6. Seleccione "Slow Cooker" de la freidora de aire y póngalo en "Low".

7. Ajuste el temporizador para 8 horas y pulse "Start/Stop" para empezar a cocinar.

8. Una vez finalizado el tiempo de cocción, retire la bandeja del horno.

9. Retira la tapa y remueve bien la mezcla.

10. Servir caliente.

Nutrición:

Energía (calorías): 1320 kcal

Proteínas: 1,65 g

Grasa: 149,48 g

Carbohidratos: 6.98 g

Capítulo 4:

Recetas de aves de corral

20. Pollo cremoso al coco

Tiempo de preparación: 120 minutos

Tiempo de cocción: 25 minutos

Porciones: 4

Ingredientes

- Cuatro grandes muslos de pollo

- 5 cucharaditas de cúrcuma en polvo

- 2 cucharadas de jengibre rallado

- Sal y pimienta negra al gusto

- 4 cucharadas de crema de coco

Preparación:

1. Mezclar la nata con la cúrcuma, el jengibre, la pimienta y la sal, batir. Añade los trozos de pollo y mézclalo todo, luego déjalo reposar durante 2 horas.

2. Transfiera el pollo a la freidora de aire precalentada y cocine a 370°F durante 25 minutos.

3. Repartir en los platos y servir con una ensalada de acompañamiento.

Nutrición:

Energía (calorías): 386 kcal

Proteínas: 51,96 g

Grasa: 16,55 g

Carbohidratos: 5.11 g

21. Alitas de pollo chinas

Tiempo de preparación: 120 minutos

Tiempo de cocción: 15 minutos

Porciones: 6

Ingredientes

- 16 alas de pollo

- 2 cucharadas de miel

- 2 cucharadas de salsa de soja

- Sal y pimienta negra

- ¼ de cucharadita de pimienta blanca

- 3 cucharadas de zumo de lima

Preparación:

1. Mezclar la salsa de soja con la miel, la sal, el zumo de lima y la pimienta blanca y negra, y batir bien. Añadir los trozos de pollo, mezclar y guardar en la nevera durante 2 horas.

2. Transfiera el pollo a la freidora de aire. Cocine a 370 °F durante 6 minutos por ambos lados. Aumente el calor a 400 °F y cocine de nuevo durante 3 minutos más.

3. Servir en caliente.

Nutrición:

Energía (calorías): 139 kcal

Proteínas: 17,54 g

Grasa: 3,73 g

Carbohidratos: 8.54 g

22. Pollo a las hierbas

Tiempo de preparación: 40 minutos

Tiempo de cocción: 30 minutos

Porciones: 4

Ingredientes

- Un pollo entero
- Sal y pimienta negra al gusto
- 1 cucharadita de ajo en polvo
- 1 cucharadita de cebolla en polvo
- ½ cucharadita de tomillo seco
- 1 cucharadita de romero seco
- 1 cucharada de zumo de limón
- 2 cucharadas de aceite de oliva

Preparación:

1. Sazonar el pollo con pimienta y sal, frotar con tomillo, romero, cebolla en polvo y ajo en polvo. Frotar con aceite de oliva y zumo de limón, y dejar reposar durante 30 minutos.

2. Coloque el pollo en una freidora de aire y cocínelo a 360°F durante 20 minutos por ambos lados.

3. Deje que el pollo se enfríe, córtelo y sírvalo.

Nutrición:

Energía (calorías): 70 kcal

Proteínas: 0,44 g

Grasa: 6,81 g

Carbohidratos: 2.43 g

23. Pollo a la parmesana

Tiempo de preparación: 10 minutos

Tiempo de cocción: 15 minutos

Porciones: 4

Ingredientes

- 2 tazas de pan rallado

- ¼ de taza de parmesano

- ½ cucharadita de ajo en polvo

- 2 tazas de harina blanca

- Un huevo

- Una y ½ libras de chuletas de pollo

- Sal y pimienta negra

- 1 taza de mozzarella

- 2 tazas de salsa de tomate

- 3 cucharadas de albahaca

Preparación:

1. Mezclar el pan rallado con el ajo en polvo y el parmesano y remover.

2. Añadir la harina en otro recipiente y el huevo en el tercero.

3. Sazonar el pollo con pimienta y sal. Pasar por harina, mezcla de huevo y pan rallado, respectivamente.

4. Coloque los trozos de pollo en la freidora de aire y cocínelos a 360 °F durante 3 minutos por ambos lados.

5. Transfiera a una bandeja para hornear. Agregue la salsa de tomate y la mozzarella, introduzca en la freidora de aire y cocine a 375 °F durante 7 minutos.

6. Repartir en los platos. Espolvorear la albahaca por encima y servir.

Nutrición:

Energía (calorías): 639 kcal

Proteínas: 47,97 g

Grasa: 7,38 g

Carbohidratos: 88.06 g

24. Pollo mexicano

Tiempo de preparación: 10 minutos

Tiempo de cocción: 20 minutos

Porciones: 4

Ingredientes

- 16 oz. de salsa verde

- 1 cucharada de aceite de oliva

- Sal y pimienta negra

- 1 libra de pechuga de pollo

- 1 ½ taza de queso Monterey Jack

- ¼ de taza de cilantro

- 1 cucharadita de ajo en polvo

Preparación:

1. Ponga la salsa Verde en la bandeja de hornear del pollo sazonado con ajo en polvo, sal y pimienta. Cepille con aceite de oliva, luego colóquelo sobre la salsa Verde.

2. Introdúzcalo en la freidora de aire, luego cocínelo a 380°F durante 20 minutos.

3. Espolvorear un poco de queso y cocinar durante 2 minutos más.

4. Repartir en los platos y servir caliente.

Nutrición:

Energía (calorías): 399 kcal

Proteínas: 33,32 g

Grasa: 24,91 g

Carbohidratos: 9.15 g

25. Pollo cremoso, arroz y guisantes

Tiempo de preparación: 10 minutos

Tiempo de cocción: 30 minutos

Porciones: 4

Ingredientes

- 1 libra de pechugas de pollo

- 1 taza de arroz blanco

- Sal y pimienta negra

- 1 cucharada de aceite de oliva

- Tres dientes de ajo

- Una cebolla amarilla

- ½ taza de vino blanco

- ¼ de taza de nata líquida

- 1 taza de caldo de pollo

- ¼ de taza de perejil

- 2 tazas de guisantes

- 1 ½ tazas de parmesano

Preparación:

1. Condimentar las pechugas de pollo con pimienta y sal, rociarlas con la mitad del aceite. Frote bien y colóquelas en la freidora de aire, luego cocine a 360 °F durante 6 minutos.

2. Calentar la sartén con el aceite restante a fuego alto. Añadir el ajo, el vino, la cebolla, el caldo, la pimienta y la nata espesa, salar, remover, cocer a fuego lento y cocinar durante 9 minutos.

3. Poner las pechugas de pollo en una fuente refractaria y añadir los guisantes, la mezcla de crema y el arroz, y mezclar. Espolvorear el perejil y el parmesano por todas partes, poner en la freidora de aire y cocinar a 420 °F durante 10 minutos.

4. Repartir en los platos y servir caliente mientras.

Nutrición:

Energía (calorías): 529 kcal

Proteínas: 37,07 g

Grasa: 18,69 g

Carbohidratos: 50.65 g

26. Pechugas de pollo al horno con pimienta y limón

Tiempo de preparación: 10 minutos

Tiempo de cocción: 30 minutos

Porciones: 4

Ingredientes

- Cuatro pechugas de pollo, sin piel y sin hueso
- 4 cucharaditas de mantequilla en rodajas
- 1/2 cucharadita de pimentón
- 1 cucharadita de ajo en polvo
- 1 cucharadita de condimento de limón y pimienta
- 4 cucharaditas de zumo de limón
- Pimienta
- Sal

Preparación

1. Inserte la rejilla en la posición 6 de la rejilla. Seleccione hornear, ajuste la temperatura a 350 f, temporizador para 30 minutos. Presione start para precalentar el horno.

2. Sazona el pollo con pimienta y sal y colócalo en la fuente de horno.

3. Vierta el zumo de limón sobre el pollo. Mezclar el pimentón, el ajo en polvo y el condimento de pimienta de limón y espolvorear sobre el pollo.

4. Añade rodajas de mantequilla sobre el pollo y hornea el pollo durante 30 minutos.

5. Servir y disfrutar.

Nutrición:

Calorías323kcal

Grasa 14,8 g

Carbohidratos 2,5 g

Proteína42,8 g

Capítulo 5:

Recetas con carne de vacuno

27. Pechuga de ternera al comino y al pimentón

Tiempo de preparación: 5 minutos

Tiempo de cocción: 120 minutos

Porciones: 12

Ingredientes

- ¼ cucharadita de pimienta de cayena

- 1½ cucharadas de pimentón

- 1 cucharadita de ajo en polvo

- 1 cucharadita de comino molido

- 1 cucharadita de cebolla en polvo

- 2 cucharaditas de mostaza seca

- 2 cucharaditas de pimienta negra molida

- 2 cucharaditas de sal

- 5 libras de asado de pecho

- 5 cucharadas de aceite de oliva

Preparación:

1. Poner todos los ingredientes en una bolsa Ziploc y marinar en la nevera durante al menos 2 horas.

2. Precaliente el horno de la freidora de aire, programe el tiempo a 5 minutos.

3. Coloque la carne en una fuente de horno que quepa en la freidora de aire.

4. Colocar en la freidora de aire y cocinar durante 2 horas a 350°F.

Nutrición:

Calorías: 269

Grasa: 12,8g

Proteínas: 35,6g

Fibra: 2g

28. Bistec marinado con chile y café

Tiempo de preparación: 5 minutos

Tiempo de cocción: 50 minutos

Porciones: 3

Ingredientes

- ½ cucharadita de ajo en polvo

- 1½ libras de bistec de falda de vacuno

- 1 cucharadita de espresso instantáneo en polvo

- 2 cucharadas de aceite de oliva

- 2 cucharaditas de chile en polvo

- Sal y pimienta al gusto

Preparación:

1. Precaliente el horno de la freidora a 390°F.

2. Coloque el accesorio de la sartén de la parrilla en la freidora de aire.

3. Haga el aliño seco mezclando el chile en polvo, la sal, la pimienta, el café en polvo y el ajo en polvo.

4. Frotar todo el filete y cepillar con aceite.

5. Colocar en la parrilla y cocinar durante 40 minutos.

6. A mitad del tiempo de cocción, dar la vuelta a la carne para que se cocine de forma uniforme.

Nutrición:

Calorías: 249

Grasa: 17g

Proteínas: 20g

Fibra: 2g

29. Empanadas de ternera con azúcar y especias

Tiempo de preparación: 15 minutos

Tiempo de cocción: 15 minutos

Porciones: 4

Ingredientes

- 6 onzas de carne molida magra cruda

- ¼ de taza de cebollas blancas crudas, cortadas en rodajas y en dados finos

- 1 cucharadita de canela

- ½ cucharadita de nuez moscada

- ½ cucharadita de clavo de olor molido

- Una pequeña pizca de azúcar morena

- 2 cucharaditas de chile rojo en polvo

- conchas de masa de empanada prefabricadas

Preparación:

1. En una cacerola profunda, desmenuce y cocine la carne molida a fuego medio. Añadir las cebollas, removiendo continuamente con una cuchara de madera, y luego añadir la canela, la nuez moscada y los clavos. Romper la carne picada mientras se cocina para que no se formen grandes grumos. Retirar la cacerola del fuego en cuanto la carne esté totalmente cocida, las cebollas

estén blandas y las especias liberen su aroma. No cocine demasiado; quiere que la carne permanezca húmeda y jugosa. Tape la cacerola y déjela reposar en una superficie segura para el calor durante unos minutos. Coloque las carcasas de las empanadas en una superficie limpia. Vierta la carne cocida con especias de la cacerola en las carcasas de las empanadas: una cucharada colmada en cada una, aunque no tanta como para que la mezcla se desborde por los bordes. Dobla las empanadas para que la carne de vacuno especiada quede totalmente cubierta. Selle los bordes con agua y presione con un tenedor para asegurarlos. Espolvoree azúcar morena sobre las costuras aún húmedas de las empanadas para conseguir un crujido extra dulce. Cubra la cesta del horno de la freidora de aire con un forro de papel de aluminio, dejando los bordes descubiertos para permitir que el aire circule por la cesta.

2. Coloque las empanadas en la cesta de la freidora de aire forrada con papel de aluminio y programe a 350 grados durante 15 minutos. A mitad de camino, saque la cesta de freír y dé la vuelta a las empanadas con una espátula. Retire cuando estén doradas y sírvalas directamente de la cesta en los platos.

Nutrición:

Energía (calorías): 117 kcal

Proteínas: 10,63 g

Grasa: 6,54 g

Carbohidratos: 3.31 g

30. Ternera mongola crujiente

Tiempo de preparación: 5 minutos

Tiempo de cocción: 10 minutos

Porciones: 6

Ingredientes

- 2 cucharadas de aceite de oliva

- ½ C. de harina de almendra

- 2 libras de solomillo de ternera o chuleta de ternera, cortadas en tiras

Salsa:

- ½ C. de cebolla verde picada

- 1 cucharadita de copos de chile rojo

- 1 cucharadita de harina de almendra

- ½ C. de azúcar morena

- 1 cucharadita de salsa hoisin

- ½ C. agua

- ½ C. de vinagre de arroz

- ½ C. de salsa de soja baja en sodio

- 1 cucharada de ajo picado

- 1 cucharada de jengibre finamente picado

- 2 cucharadas de aceite de oliva

Preparación:

1. Pasar las tiras de ternera por la harina de almendras, asegurándose de que queden bien cubiertas. Añadir al horno de la freidora de aire.

2. Vierta en la rejilla/cesta del horno. Coloque la rejilla en el estante central del horno Air Fryer.

3. Ajuste la temperatura a 300°F, y el tiempo a 10 minutos, y cocine 10 minutos.

4. Mientras tanto, añada todos los ingredientes de la salsa a la sartén y llévelos a ebullición. Mezclar bien.

5. Añadir las tiras de carne a la salsa y cocinar durante 2 minutos.

6. Servir sobre arroz de coliflor.

Nutrición:

Calorías: 290

Grasa: 14g

Proteínas: 22g

Azúcar: 1g

31. Milanesa de ternera al limón

Tiempo de preparación: 5 minutos

Tiempo de cocción: 12 minutos

Porciones: 1

Ingredientes

- 2 cucharadas de aceite

- 2-3 oz. Pan rallado

- 1 huevo batido en un platillo/plato hondo

- 1 chuleta de ternera

- 1 limón recién cogido

Preparación:

1. Mezclar el aceite y el pan rallado hasta que quede suelto y desmenuzado. Sumergir la carne en el huevo y luego en el pan rallado. Asegúrese de que está cubierta de manera uniforme.

2. Colocar suavemente en la cesta de la freidora de aire, y luego cocinar a 350° F (precalentar si es necesario) hasta que esté hecho. El tiempo dependerá del grosor de la chuleta, pero

debería tardar unos 12 minutos para uno relativamente fino. Servir con medio limón y una ensalada de jardín.

Nutrición:

Energía (calorías): 363 kcal

Proteínas: 10,07 g

Grasa: 32,73 g

Carbohidratos: 9.14 g

Capítulo 6:

Recetas de cerdo y cordero

32. Chuletas con costra de tomate seco

Tiempo de preparación: 15 minutos

Tiempo de cocción: 10 minutos

Porciones: 4

Ingredientes:

- ½ taza de tomates secos envasados en aceite

- ½ taza de almendras tostadas

- ¼ de taza de queso parmesano rallado

- ½ taza de aceite de oliva, más el que se utilice para pincelar la cesta de la freidora de aire

- 2 cucharadas de agua

- ½ cucharadita de sal

- Pimienta negra recién molida al gusto

- Cuatro chuletas de cerdo deshuesadas cortadas en el centro (aproximadamente 1¼ libras / 567 g)

Preparación:

1. Ponga los tomates secos en un procesador de alimentos y púlselos hasta que estén picados. Añada las almendras, el queso parmesano, el aceite de oliva, el agua, la sal y la pimienta. Procesar hasta obtener una pasta suave. Extienda la mayor parte de la pasta (deje un poco en reserva) sobre ambos lados de las chuletas de cerdo y luego perfore la carne varias veces con un ablandador de carne tipo aguja o un tenedor. Deje que las chuletas de cerdo se asienten y se marinen durante al menos 1 hora (refrigere si se marinan durante más de 1 hora).

2. Unte el fondo de la cesta de la freidora con más aceite de oliva. Ponga las chuletas de cerdo en la cesta de la freidora, echando un poco más de pasta de tomate seco sobre las chuletas de cerdo si hay huecos en los que la pasta se haya desprendido.

3. Seleccione la función AIR FRY y cocine a 370°F (188°C) durante 10 minutos, dando la vuelta a las chuletas a mitad de camino.

4. Cuando las chuletas de cerdo hayan terminado de cocinarse, páselas a un plato y sírvalas.

Nutrición:

Energía (calorías): 429 kcal

Proteínas: 21,69 g

Grasa: 36,45 g

Carbohidratos: 4.11 g

33. Cerdo envuelto en tocino con salsa de manzana

Tiempo de preparación: 10 minutos

Tiempo de cocción: 25 minutos

Porciones: 4

Ingredientes:

Cerdo:

- 1 cucharada de mostaza de Dijon

- Un lomo de cerdo

- Tres tiras de tocino

Salsa de manzana:

- 3 cucharadas de ghee, divididas

- Una chalota pequeña, picada

- Dos manzanas

- 1 cucharada de harina de almendra

- 1 taza de caldo de verduras

- ½ cucharadita de mostaza de Dijon

Preparación:

1. Unte el lomo con mostaza de Dijon y envuélvalo con tiras de tocino.

2. Poner en el horno de la freidora de aire. Seleccione la función AIR FRY y cocine a 360°F (182°C) durante 12 minutos. Compruebe el nivel de cocción con un termómetro de carne.

3. Para hacer la salsa, calentar 1 cucharada de ghee en una sartén y añadir las chalotas. Cocinar durante 1 minuto.

4. A continuación, añada las manzanas y cocínelas durante 4 minutos hasta que se ablanden.

5. Añadir la harina y 2 cucharadas de ghee para hacer un roux. Añadir el caldo y la mostaza, removiendo bien para combinar.

6. Si la salsa empieza a burbujear, añadir 1 taza de manzanas salteadas, cocinando hasta que la salsa espese.

7. Una vez que el lomo de cerdo esté cocido, deje reposar 8 minutos antes de cortarlo.

8. Servir con salsa de manzana.

Nutrición:

Energía (calorías): 68 kcal

Proteínas: 0,93 g

Grasa: 1,57 g

Carbohidratos: 14.3 g

34. Chuletas de cerdo rellenas de bacon y pera

Tiempo de preparación: 20 minutos

Tiempo de cocción: 24 minutos

Porciones: 3

Ingredientes:

- Cuatro rebanadas de tocino picado

- 1 cucharada de mantequilla

- ½ taza de cebolla finamente picada

- ¹/3 de taza de caldo de pollo

- 1½ tazas de cubos de relleno sazonados

- Un huevo batido

- ½ cucharadita de tomillo seco

- ½ cucharadita de sal

- 1/8 cucharadita de pimienta negra recién molida

- Una pera, cortada en dados finos

- ¹/3 de taza de queso azul desmenuzado

- Tres chuletas de cerdo deshuesadas y cortadas en el centro (2 pulgadas de grosor)

- Aceite de oliva, para engrasar

- Sal al gusto

- pimienta negra recién molida al gusto

Preparación:

1. Poner el bacon en la cesta de la freidora de aire. Seleccione la función AIR FRY y cocine a 400°F (204°C) durante 6 minutos, removiendo a mitad de la cocción. Retira el bacon y apártalo sobre una toalla de papel. Vierta la grasa del fondo de la freidora de aire.

2. Para hacer el relleno, derrita la mantequilla en una cacerola mediana a fuego medio en la estufa. Añada la cebolla y saltéela durante unos minutos hasta que empiece a ablandarse. Añada el caldo de pollo y déjelo cocer a fuego lento durante 1 minuto. Retire la cacerola del fuego y añada los cubos de relleno. Remover hasta que el caldo se haya absorbido. Añada el huevo, el tomillo seco, la sal y la pimienta negra recién molida, y remueva hasta que se combinen. Incorporar los dados de pera y el queso azul desmenuzado.

3. Ponga las chuletas de cerdo en una tabla de cortar. Usando la palma de la mano para mantener la chuleta plana y firme, corte en el lado de la chuleta para hacer un bolsillo en el centro de la chuleta. Deje aproximadamente un centímetro de chuleta sin cortar y asegúrese de no cortar la chuleta de cerdo. Unte las chuletas de cerdo con aceite de oliva por ambos lados y sazónelas con sal y pimienta negra recién molida. Rellene cada chuleta de cerdo con un tercio del relleno, metiendo bien el relleno dentro del bolsillo.

4. Ajuste la temperatura a 360°F (182°C).

5. 5. Rocíe o cepille los lados de la cesta de la freidora con aceite. Coloque las chuletas de cerdo en la cesta de la freidora con el borde relleno y abierto de la chuleta hacia los bordes exteriores de la cesta.

6. Fría las chuletas de cerdo durante 18 minutos, dándoles la vuelta a mitad de la cocción. Cuando las chuletas estén hechas, déjalas reposar durante 5 minutos y pásalas a una fuente de servir.

Nutrición:

Energía (calorías): 768 kcal

Proteínas: 41,5 g

Grasa: 40,28 g

Carbohidratos: 46 g

35. Super Bacon con carne

Tiempo de preparación: 5 minutos

Tiempo de cocción: 60 minutos

Porciones: 4

Ingredientes:

- 30 rebanadas de tocino de corte grueso
- 4 onzas (113 g) de queso Cheddar, rallado
- 12 onzas (340 g) de filete
- 10 onzas (283 g) de salchicha de cerdo
- Sal y pimienta negra molida al gusto

Preparación:

1. Seleccione la función BAKE y precaliente al maximo a 400°F (204°C).

2. Extienda 30 rebanadas de tocino en forma de tejido y hornee durante 20 minutos hasta que estén crujientes. Poner el queso en el centro del bacon.

3. Combine el bistec y la salchicha para formar una mezcla de carne.

4. Extender la carne en un rectángulo de tamaño similar al de las tiras de bacon. Sazonar con sal y pimienta.

5. Enrollar la carne en un rollo apretado y refrigerar.

6. Hornear durante 60 minutos o hasta que la temperatura interna alcance al menos 165°F (74°C).

7. Dejar reposar 5 minutos antes de servir.

Nutrición:

Energía (calorías): 1183 kcal

Proteínas: 59,57 g

Grasa: 101,49 g

Carbohidratos: 7.56 g

36. Chuletas de cerdo con corteza

Tiempo de preparación: 5 minutos

Tiempo de cocción: 15 minutos

Porciones: 4

Ingredientes:

- 1 cucharadita de chile en polvo

- ½ cucharadita de ajo en polvo

- 1½ onzas (43 g) de corteza de cerdo, finamente molida

- 4 (4 onzas / 113 g) chuletas de cerdo

- 1 cucharada de aceite de coco derretido

Preparación:

1. Combine el chile en polvo, el ajo en polvo y el chicharrón molido.

2. Cubra las chuletas de cerdo con el aceite de coco, seguido de la mezcla de corteza de cerdo, teniendo cuidado de cubrirlas completamente. A continuación, coloque las chuletas en la cesta de la freidora.

3. Seleccione la función AIR FRY y cocine a 400°F (204°C) durante 15 minutos, o hasta que la temperatura interna de las chuletas alcance al menos 145°F (63°C), dándoles la vuelta a mitad de camino.

4. Servir inmediatamente.

Nutrición:

Energía (calorías): 389 kcal

Proteínas: 43,03 g

Grasa: 22,74 g

Carbohidratos: 0.63 g

Capítulo 7:

Recetas de pescado y mariscos

37. Palitos de pescado crujientes

Tiempo de preparación: 10 minutos

Tiempo de cocción: 6 minutos

Porciones: 8

Ingredientes:

- 227 g de filetes de pescado (abadejo o bacalao), cortados en tiras de ½ × 3 pulgadas

- Sal al gusto (opcional)

- ½ taza de pan rallado

- Spray de cocina

Preparación:

1. Sazone las tiras de pescado con sal al gusto, si lo desea.

2. Poner el pan rallado en un plato y pasar el pescado por el pan rallado hasta que esté bien cubierto. Rocíe todos los lados del pescado con spray de cocina. Transfiera a la cesta de la freidora de aire en una sola capa.

3. Coloque la cesta de la freidora de aire en la bandeja de hornear y deslícela a la posición 2 de la rejilla, seleccione Air Fry, ajuste la temperatura a 400°F (205°C) y programe el tiempo a 6 minutos.

4. Cuando estén cocidos, los palitos de pescado deben estar dorados y crujientes. Retirar del horno a un plato y servir calientes.

Nutrición:

Calorías: 73 kcal

Proteínas: 6,14 g

Grasa: 3,04 g

Carbohidratos: 4.86 g

38. Envolturas de lechuga con atún

Tiempo de preparación: 10 minutos

Tiempo de cocción: 4-7 minutos

Porciones: 4

Ingredientes:

- 1 libra (454 g) de filete de atún fresco, cortado en cubos de 1 pulgada

- Dos dientes de ajo picados

- 1 cucharada de jengibre fresco rallado

- ½ cucharadita de aceite de sésamo tostado

- Cuatro tortillas integrales bajas en sodio

- 2 tazas de lechuga romana rallada

- Un pimiento rojo, cortado en rodajas finas

- ¼ de taza de mayonesa baja en grasa

Preparación:

1. Combine los cubos de atún, el ajo, el jengibre y el aceite de sésamo en un bol mediano y mezcle hasta que estén bien cubiertos. Deje reposar durante 10 minutos.

2. Cuando esté listo, coloque los cubos de atún en la cesta de la freidora.

3. Coloque la cesta de la freidora de aire en la bandeja de hornear y deslícela a la posición 2 de la rejilla, seleccione Air Fry, ajuste la temperatura a 390°F (199°C) y programe el tiempo a 6 minutos.

4. Cuando la cocción esté completa, los cubos de atún deben estar bien cocidos y dorados. Saque los cubos de atún del horno y póngalos en un plato.

5. Hacer los wraps: Coloca las tortillas en una superficie plana, cubre cada tortilla de manera uniforme con el atún cocido, la lechuga, el pimiento y termina con la mayonesa. Enróllalas y sírvelas inmediatamente.

Nutrición:

Energía (calorías): 195 kcal

Proteínas: 5,46 g

Grasa: 6,32 g

Carbohidratos: 29.16 g

39. Meunière de tilapia con verduras

Tiempo de preparación: 10 minutos

Tiempo de cocción: 20 minutos

Porciones: 4

Ingredientes:

- 10 onzas (283 g) de patatas, cortadas en rodajas de ¼ de pulgada de grosor
- 5 cucharadas de mantequilla sin sal, derretida, dividida
- 1 cucharadita de sal, dividida
- 4 filetes de tilapia (227 g)
- ½ libra (227 g) de judías verdes, recortadas
- Zumo de 1 limón
- 2 cucharadas de perejil fresco picado para decorar

Preparación:

1. En un bol grande preparado, rocíe las patatas con 2 cucharadas de mantequilla derretida y ¼ de cucharadita de sal. Transfiera las patatas a la bandeja para hornear.

2. Coloque la bandeja de hornear en la posición 1 de la rejilla, seleccione "Convection Bake" (horneado por convección), ajuste la temperatura a 375°F (190°C) y el tiempo a 20 minutos.

3. Mientras tanto, pon los condimentos en ambos lados de los filetes con ½ cucharadita de sal . Poner las judías verdes en el bol mediano y espolvorearlas con el ¼ de cucharadita restante de sal y 1 cucharada de mantequilla, removiendo para cubrirlas.

4. Después de 10 minutos, sacar del horno y apartar las patatas a un lado. Poner los filetes en el centro de la sartén y añadir las judías verdes por el otro lado. Rocíe las 2 cucharadas restantes de mantequilla sobre los filetes. Vuelva a poner la sartén en el horno y continúe la cocción, o hasta que el pescado se desmenuce fácilmente con un tenedor y las judías verdes estén crujientes.

5. Cuando estén cocidos, sacar del horno. Rociar los filetes con el zumo de limón y espolvorear el perejil por encima para decorar. Servir caliente.

Nutrición:

Energía (calorías): 269 kcal

Proteínas: 26,04 g

Grasa: 11,98 g

Carbohidratos: 15.78 g

40. Filetes de pescado empanados

Tiempo de preparación: 20 minutos

Tiempo de cocción: 7 minutos

Porciones: 4

Ingredientes:

- 1 libra (454 g) de filetes de pescado
- 1 cucharada de mostaza marrón gruesa
- 1 cucharadita de salsa Worcestershire
- ½ cucharadita de salsa picante
- Sal al gusto
- Spray de cocina

Recubrimiento de migas:

- ¾ de taza de pan rallado
- ¼ de taza de harina de maíz molida a la piedra
- ¼ de cucharadita de sal

Preparación:

1. En la tabla de cortar, corte los filetes de pescado transversalmente en rodajas de unos 2,5 cm de ancho.

2. En un tazón pequeño preparado, mezcle la mostaza, la salsa Worcestershire y la salsa picante para hacer una pasta y frótela en todos los lados de los filetes. Sazone con sal al gusto.

3. En un recipiente poco profundo, combine bien todos los ingredientes de la cobertura de migas y extiéndalos sobre una hoja de papel encerado.

4. Pase los filetes de pescado por la mezcla de migas hasta que queden bien cubiertos. Rocíe todos los lados del pescado con aceite en aerosol, y luego colóquelos en la cesta de la freidora de aire en una sola capa.

5. Coloque la cesta de la freidora de aire en la bandeja de hornear y deslícela a la posición 2 de la rejilla, seleccione Air Fry, ajuste la temperatura a 400°F (205°C) y programe el tiempo a 7 minutos.

6. Cuando la cocción esté completa, el pescado debe desmenuzarse con un tenedor. Retirar del horno y servir caliente.

Nutrición:

Energía (calorías): 370 kcal

Proteínas: 20,03 g

Grasa: 21,49 g

Carbohidratos: 26.94 g

41. Salmón a las hierbas con espárragos

Tiempo de preparación: 5 minutos

Tiempo de cocción: 12 minutos

Porciones: 2

Ingredientes:

- 2 cucharaditas de aceite de oliva, más una cantidad adicional para rociar
- 2 filetes de salmón de 5 onzas / 142 g, con piel
- Sal
- pimienta negra recién molida al gusto
- Un manojo de espárragos, recortados
- 1 cucharadita de estragón seco
- 1 cucharadita de cebollino seco
- Gajos de limón fresco, para servir

Preparación:

1. Frote el aceite de oliva por todos los filetes de salmón. Espolvorear con sal y pimienta al gusto.

2. Poner los espárragos en la bandeja de horno forrada con papel de aluminio y colocar los filetes de salmón encima, con la piel hacia abajo.

3. Coloque la bandeja de hornear en la posición 1 de la rejilla, seleccione "Convection Bake" (horneado por convección), ajuste la temperatura a 350°F (180°C) y el tiempo a 12 minutos.

4. Cuando estén cocidos, los filetes deben registrar 145°F (63°C) en un termómetro de lectura instantánea. Retirar del horno, cortar los filetes de salmón por la mitad en sentido transversal y, con una espátula de metal, separar la carne de la piel y pasarla a un plato de servir. Deseche la piel y rocíe los filetes de salmón con más aceite de oliva. Espolvorear con las hierbas.

5. Sirve los filetes de salmón con los espárragos y los gajos de limón al lado.

Nutrición:

Energía (calorías): 141 kcal

Proteínas: 0,64 g

Grasa: 4,89 g

Carbohidratos: 26.96 g

42. Gambas al pimentón

Tiempo de preparación: 5 minutos

Tiempo de cocción: 10 minutos

Porciones: 4

Ingredientes:

- 1 libra (454 g) de gambas tigre

- 2 cucharadas de aceite de oliva

- ½ cucharada de condimento de laurel viejo

- ¼ de cucharada de pimentón ahumado

- ¼ cucharadita de pimienta de cayena

- Una pizca de sal marina

Preparación:

1. Mezcle todos los ingredientes en un tazón grande preparado hasta que los camarones estén cubiertos de manera uniforme.

2. Coloque las gambas en la cesta de la freidora.

3. Coloque la cesta de la freidora de aire en la bandeja de hornear y deslícela a la posición 2 de la rejilla, seleccione Air Fry, ajuste

la temperatura a 380°F (193°C) y programe el tiempo a 10 minutos.

4. Cuando termine la cocción, las gambas deben estar rosadas y bien cocidas. Retirar del horno y servir caliente.

Nutrición:

Energía (calorías): 175 kcal

Proteínas: 23,25 g

Grasa: 8,39 g

Carbohidratos: 0.47 g

43. Empanadas de salmón fáciles de preparar

Tiempo de preparación: 5 minutos

Tiempo de cocción: 11 minutos

Porciones: 6 hamburguesas

Ingredientes:

- 1 lata (418 g) de salmón rosado de Alaska, escurrido y sin espinas

- ½ taza de pan rallado

- Un huevo batido

- Dos cebolletas, cortadas en dados

- 1 cucharadita de ajo en polvo

- Sal y pimienta al gusto

- Spray de cocina

Preparación:

1. Mezcle el salmón, el pan rallado, el huevo batido, las cebolletas, el ajo en polvo, la sal y la pimienta en un bol grande hasta que estén bien incorporados.

2. Dividir la mezcla de salmón en seis partes iguales, y formar cada una de ellas en una hamburguesa con las manos.

3. Coloca las hamburguesas de salmón en la cesta de la freidora y rocíalas con spray de cocina.

4. Coloque la cesta de la freidora de aire en la bandeja de hornear y deslícela a la posición 2 de la rejilla, seleccione Air Fry, ajuste la temperatura a 400°F (205°C) y programe el tiempo a 10 minutos.

5. Dar la vuelta a las hamburguesas a mitad de camino.

6. Cuando la cocción esté completa, las hamburguesas deben estar doradas y bien cocidas. Saque las hamburguesas del horno y sírvalas en un plato.

Nutrición:

Energía (calorías): 91 kcal

Proteínas: 11,97 g

Grasa: 3,44 g

Carbohidratos: 3.1 g

Capítulo 8:

Panadería y postres

44. Tostada de canela perfecta

Tiempo de preparación: 10 minutos

Tiempo de cocción: 5 minutos

Porciones: 6

Ingredientes

- 2 cucharaditas de pimienta

- 1 ½ cucharadita de extracto de vainilla

- 1 ½ cucharadita de canela

- ½ C. edulcorante de elección

- 1 C. de aceite de coco

- 12 rebanadas de pan integral

Preparación:

1. Derretir el aceite de coco y mezclarlo con el edulcorante hasta que se disuelva. Mezclar el resto de los ingredientes menos el pan hasta que se incorporen.

2. Extender la mezcla sobre el pan, cubriendo todas las zonas.

3. Vierta los trozos de pan recubiertos en la rejilla/cesta del horno. Coloque la rejilla en el estante central del horno de la freidora. Ajuste la temperatura a 400°F y el tiempo a 5 minutos.

4. Retirar y cortar en diagonal. Disfrute.

Nutrición:

Calorías: 124

Grasa: 2g

Proteínas: 0g

Azúcar: 4g

45. Tarta de chocolate al horno fácil

Tiempo de preparación: 5 minutos

Tiempo de cocción: 15 minutos

Porciones: 3

Ingredientes

- ½ taza de cacao en polvo

- ½ taza de stevia en polvo

- 1 taza de crema de coco

- Un paquete de queso crema, a temperatura ambiente

- 1 cucharada de extracto de vainilla

- 2 cucharadas de mantequilla

Preparación:

1. Precaliente el horno de la freidora durante 5 minutos.

2. En un recipiente para mezclar, combine todos los ingredientes.

3. Utilice una batidora de mano para mezclar todo hasta que quede esponjoso.

4. Verter en tazas engrasadas.

5. Coloque las tazas en la cesta de la freidora.

6. Hornee durante 15 minutos a 350°F.

7. Poner en la nevera para enfriar antes de servir.

Nutrición:

Calorías: 744

Grasa: 69,7g

Proteínas: 13,9g

Azúcar: 4g

46. Pastel de ángeles

Tiempo de preparación: 5 minutos

Tiempo de cocción: 30 minutos

Porciones: 12

Ingredientes

- ¼ de taza de mantequilla derretida
- 1 taza de eritritol en polvo
- 1 cucharadita de extracto de fresa
- 12 claras de huevo
- 2 cucharaditas de cremor tártaro
- Una pizca de sal

Preparación:

1. Precaliente el horno de la freidora durante 5 minutos.
2. Mezclar las claras de huevo y el cremor tártaro.
3. Utilizar una batidora de mano y batir hasta que quede blanco y esponjoso.
4. Añadir el resto de los ingredientes, excepto la mantequilla, y batir durante un minuto más.
5. Verter en una fuente de horno.

6. Colóquelo en la cesta de la freidora de aire y cocínelo durante 30 minutos a 400°F, o si un palillo insertado en el centro sale limpio.

7. Rociar con mantequilla derretida una vez que se haya enfriado.

Nutrición:

Calorías: 65

Grasa: 5g

Proteínas: 3,1g

Fibra: 1g

47. Melocotones fritos

Tiempo de preparación: 130 minutos

Tiempo de cocción: 15 minutos

Porciones: 4

Ingredientes

- Cuatro melocotones maduros (1/2 melocotón = 1 ración)

- 1 1/2 tazas de harina

- Sal

- Dos yemas de huevo

- 3/4 de taza de agua fría

- 1 1/2 cucharadas de aceite de oliva

- 2 cucharadas de brandy

- Cuatro claras de huevo

- Mezcla de canela y azúcar

Preparación:

1. Mezclar la harina, las yemas de huevo y la sal en un bol. Mezcle lentamente el agua y, a continuación, añada el brandy. Dejar la mezcla a un lado durante 2 horas y hacer algo durante 1 hora y 45 minutos.

2. Hervir una olla grande de agua y cortar una X en el fondo de cada melocotón. Mientras el agua hierve, llena otro recipiente grande con agua y hielo. Hierve cada melocotón durante un minuto aproximadamente y luego sumérgelo en el baño de hielo. Ahora las cáscaras deben caerse del melocotón. Bata las claras de huevo y mézclelas con la mezcla de la masa. Sumerge cada melocotón en la mezcla para cubrirlo.

3. Vierta el melocotón recubierto en la rejilla/cesta del horno. Coloque la rejilla en el estante central del horno de la freidora. Ajuste la temperatura a 360°F y el tiempo a 10 minutos.

4. Preparar un plato con la mezcla de canela y azúcar, hacer rodar los melocotones en la mezcla y servir.

Nutrición:

Calorías: 306

Grasa: 3g

Proteínas: 10g

Fibra: 2,7g

48. Albóndigas de manzana

Tiempo de preparación: 10 minutos

Tiempo de cocción: 25 minutos

Porciones: 4

Ingredientes

- 2 cucharadas de aceite de coco derretido

- Dos hojas de hojaldre

- 1 cucharada de azúcar morena

- 2 cucharadas de pasas

- Dos manzanas pequeñas a elegir

Preparación:

1. Asegúrese de que el horno de la freidora está precalentado a 356 grados.

2. Descorazonar y pelar las manzanas y mezclarlas con las pasas y el azúcar.

3. Colocar un poco de la mezcla de manzana en las láminas de hojaldre y pincelar los lados con aceite de coco derretido.

4. Colocar en la freidora de aire. Cocine 25 minutos, dándole la vuelta a la mitad. Estará dorado cuando esté hecho.

Nutrición:

Calorías: 367

Grasa: 7g

Proteínas: 2g

Azúcar: 5g

49. Tarta de manzana en la freidora de aire

Tiempo de preparación: 5 minutos

Tiempo de cocción: 35 minutos

Porciones: 4

Ingredientes

- ½ cucharadita de extracto de vainilla

- Un huevo batido

- Una manzana grande picada

- 1 corteza de pastel de nevera Pillsbury

- 1 cucharada de mantequilla

- 1 cucharada de canela molida

- 1 cucharada de azúcar en bruto

- 2 cucharadas de azúcar

- 2 cucharaditas de zumo de limón

- Spray para hornear

Preparación:

1. Engrase ligeramente la bandeja del horno de la freidora de aire con spray de cocina. Extiende la masa de la tarta en el fondo del molde hasta los lados.

2. En un bol, mezclar la vainilla, el azúcar, la canela, el zumo de limón y las manzanas. Vierta la mezcla sobre la corteza de la tarta. Cubra las manzanas con rodajas de mantequilla.

3. Cubrir las manzanas con la otra corteza de la tarta. Perforar con el cuchillo la parte superior de la tarta.

4. Extender el huevo batido sobre la corteza y espolvorear el azúcar.

5. Cubrir con papel de aluminio.

6. Durante 25 minutos, cocine a 390°F.

7. Retire el papel de aluminio y cocine durante 10 minutos a 330°F hasta que la parte superior esté dorada.

8. Servir y disfrutar.

Nutrición:

Calorías: 372

Grasa: 19g

Proteínas: 4,2g

Azúcar: 5g

50. Tarta de chocolate en la freidora

Tiempo de preparación: 5 minutos

Tiempo de cocción: 35 minutos

Porciones: 8-10

Ingredientes

- ½ C. agua caliente

- 1 cucharadita de vainilla

- ¼ C. de aceite de oliva

- ½ C. de leche de almendras

- Un huevo

- ½ cucharadita de sal

- ¾ de cucharadita de bicarbonato de sodio

- ¾ de cucharadita de levadura en polvo

- ½ C. de cacao en polvo sin azúcar

- 2 C. de harina de almendra

- 1 C. de azúcar morena

Preparación:

1. Precaliente el horno de la freidora a 356 grados.

2. Mezclar todos los ingredientes secos. A continuación, añada los ingredientes húmedos. Añada el agua caliente en último lugar.

3. La masa será fina, no hay que preocuparse.

4. Vierta la masa de la tarta en una sartén que quepa en la freidora. Cubra con papel de aluminio y haga agujeros en el mismo.

5. Hornear 35 minutos.

6. Deseche el papel de aluminio y hornee otros 10 minutos.

Nutrición:

Calorías: 378

Grasa: 9g

Proteínas: 4g

Azúcar: 5g

Conclusión

E ste libro de cocina le preparará para obtener lo último en rendimiento y comodidad aprovechando al máximo la relación potencia-peso de este versátil aparato. Ahora puede obtener los máximos beneficios de este libro de cocina y hacer que dure toda la vida con una comida excelente y una salud maravillosa.

Deje que este libro sea una guía para su éxito y que este libro de cocina se convierta en una inspiración para dar a su familia alimentos saludables de una manera más conveniente y creativa.

Deje que su familia prepare sus comidas de una manera más creativa y sabrosa en todos los aspectos. Deje que los beneficios de este libro de cocina le hagan más consciente y abierto a la comida y a un estilo de vida saludable. La calidad de vida depende de la calidad de los alimentos que se consumen.

Mientras disfruta de una comida cada vez más deliciosa y saludable que sale de la cocina, comience a esperar una experiencia altamente satisfactoria con su nuevo horno tostador con freidora de aire. Motívese mientras se prepara para una comida sana y deliciosa que hace que el sabor sea mucho mejor sin los sabores profundos y los gustos agudos de las llamadas "comidas saludables".

Deje que sus habilidades de preparación y presentación de alimentos sean notadas y altamente apreciadas por su familia y amigos al usar este libro de cocina, y muéstreles la mejor manera de preparar y presentar los alimentos mientras obtiene los máximos beneficios de su compra.

Siéntase orgulloso de sus logros y aprenda mucho sobre este revolucionario aparato de cocina. Comparta sus experiencias con amigos y familiares, obtenga opiniones, consejos e ideas y haga que usted y su familia y amigos sean mejores personas y mucho más felices.

CPSIA information can be obtained
at www.ICGtesting.com
Printed in the USA
BVHW050319110921
616516BV00008B/651